PREFÁCIO

O desenvolvimento web é uma área em constante evolução, onde frameworks e ferramentas surgem para facilitar a criação de aplicações robustas, escaláveis e eficientes. Entre esses frameworks, o CodeIgniter se destaca por sua simplicidade, velocidade e flexibilidade, sendo uma escolha popular entre desenvolvedores que buscam uma solução poderosa, mas fácil de usar.

Este livro foi concebido com o objetivo de ser um guia prático e acessível para aqueles que estão iniciando no desenvolvimento com CodeIgniter 4.0, bem como para desenvolvedores experientes que desejam aprofundar seus conhecimentos e explorar os recursos avançados do framework. Durante a elaboração deste material, tivemos a preocupação de apresentar conceitos e técnicas de forma clara, gradual e com exemplos práticos que podem ser aplicados em projetos reais.

A jornada começa com a instalação e configuração do ambiente, guiando o leitor passo a passo na criação de um projeto com CodeIgniter 4. Exploramos as bases do framework, como a arquitetura MVC, o roteamento e a manipulação de dados, proporcionando uma compreensão sólida que servirá como fundamento para o desenvolvimento de aplicações mais complexas.

A medida que avançamos, introduzimos tópicos essenciais como autenticação, autorização, e segurança, que são cruciais em qualquer aplicação moderna. Também abordamos boas práticas e otimizações para garantir que suas aplicações sejam não apenas funcionais, mas também seguras e performáticas.

Um dos pontos fortes deste livro é a sua abordagem prática. Acreditamos que a melhor maneira de aprender a programar é programando. Por isso, incluímos uma série de exercícios, estudos de caso e o desenvolvimento de uma aplicação completa, que permite ao leitor aplicar o conhecimento adquirido em um contexto real.

Além disso, reconhecemos que o desenvolvimento web não se trata apenas de escrever código. Por isso, dedicamos um capítulo para discutir o planejamento de aplicações e outro para o deploy, garantindo que o leitor esteja preparado para levar seus projetos do ambiente de desenvolvimento para o mundo real.

Finalmente, este livro não estaria completo sem os apêndices, que fornecem um glossário de termos, leituras recomendadas e uma lista de ferramentas úteis. Estes recursos adicionais foram incluídos para que você, leitor, tenha à mão tudo o que precisa para se tornar um desenvolvedor competente e confiante no uso do CodeIgniter 4.

Espero que este livro seja um companheiro valioso em sua jornada de aprendizado e desenvolvimento. Que ele inspire você a criar aplicações incríveis, explorar novas ideias e se tornar um mestre no uso do CodeIgniter.

Boa leitura e boas codificações!

1. **INTRODUÇÃO AO CODEIGNITER 4.0**

1.1: **O que é o CodeIgniter?**

Breve História e Evolução do Framework

CodeIgniter é um framework de desenvolvimento web em PHP criado originalmente por Rick Ellis, lançado em 2006. O principal objetivo do CodeIgniter era oferecer uma ferramenta que facilitasse o desenvolvimento de aplicações web em PHP, mantendo a simplicidade e a leveza, ao mesmo tempo que proporcionava um desempenho elevado. Desde o seu lançamento, o CodeIgniter passou por várias atualizações e melhorias, adaptando-se às novas versões do PHP e às necessidades dos desenvolvedores modernos.

Objetivos e Filosofia do CodeIgniter

O CodeIgniter foi projetado com uma filosofia centrada na simplicidade, flexibilidade e desempenho. Seu objetivo é permitir que os desenvolvedores criem aplicações robustas em PHP com uma curva de aprendizado suave, tornando-o acessível tanto para iniciantes quanto para desenvolvedores experientes. A filosofia do CodeIgniter pode ser resumida em alguns pontos-chave:

- **Simplicidade:** O framework busca manter uma estrutura simples e intuitiva, sem exigir configurações complexas ou procedimentos complicados.

- **Desempenho:** CodeIgniter é conhecido por sua velocidade e eficiência, oferecendo um desempenho superior mesmo em servidores com recursos limitados.
- **Flexibilidade:** Com uma arquitetura modular e a capacidade de integrar bibliotecas e ferramentas externas, o CodeIgniter permite que os desenvolvedores adaptem o framework às necessidades específicas de seus projetos.

Principais Características e Benefícios

CodeIgniter se destaca por várias características que o tornam uma escolha popular entre os desenvolvedores PHP:

- **Arquitetura MVC (Model-View-Controller):** CodeIgniter organiza o código em três componentes principais (Modelos, Visões e Controladores), facilitando a separação de lógica e apresentação, o que resulta em um código mais limpo e fácil de manter.
- **Tamanho Compacto:** O core do CodeIgniter é relativamente pequeno, tornando-o leve e rápido, tanto em termos de instalação quanto em execução.
- **Configuração Mínima:** Ao contrário de muitos outros frameworks, CodeIgniter requer pouca configuração inicial. Isso permite que os desenvolvedores comecem a trabalhar quase imediatamente após a instalação.
- **Extensa Documentação:** O CodeIgniter é conhecido por sua documentação detalhada e abrangente, o que facilita a aprendizagem e o desenvolvimento de aplicações.
- **Comunidade Ativa:** Ao longo dos anos, CodeIgniter desenvolveu uma comunidade global de usuários e desenvolvedores que contribuem com plugins, extensões e suporte técnico.

Comparação com Outros Frameworks PHP

Em comparação com outros frameworks PHP como Laravel

e Symfony, CodeIgniter é muitas vezes escolhido por desenvolvedores que priorizam a simplicidade e o desempenho. Enquanto frameworks como Laravel oferecem uma abordagem mais rica em recursos e abstrações, o CodeIgniter se destaca pela sua rapidez e facilidade de uso. Ele é ideal para projetos que precisam ser desenvolvidos rapidamente ou que requerem uma solução leve.

- **Laravel:** Laravel é conhecido por suas funcionalidades avançadas, como Eloquent ORM, migrações de banco de dados, e suporte a tarefas assíncronas. Porém, essa complexidade pode ser um obstáculo para iniciantes ou para projetos que não necessitam de todas essas funcionalidades.
- **Symfony:** Symfony é um framework altamente modular e configurável, sendo uma escolha popular para aplicações corporativas complexas. No entanto, sua curva de aprendizado é mais íngreme, e ele pode ser excessivamente robusto para projetos menores.

Por que Escolher o CodeIgniter 4.0?

O CodeIgniter 4.0 representa a evolução do framework, trazendo melhorias significativas em termos de desempenho, suporte a novas versões do PHP, e uma arquitetura mais moderna. Se você está buscando um framework PHP que seja rápido, fácil de aprender e com uma comunidade ativa, o CodeIgniter 4.0 é uma excelente escolha.

- **Suporte a PHP 7.2+:** Com suporte a versões mais recentes do PHP, o CodeIgniter 4.0 tira proveito de melhorias de performance e segurança do PHP.
- **Namespaces e Autoloading PSR-4:** Isso facilita a organização do código e a integração com outras bibliotecas e ferramentas.
- **Ferramentas de Desenvolvimento Modernas:** CodeIgniter 4.0 inclui um CLI (Command Line Interface) robusto, suporte a migrações de banco de dados, e uma arquitetura modular que

facilita a extensão e personalização do framework.

Em resumo, CodeIgniter 4.0 é um framework que equilibra simplicidade e poder, ideal para desenvolvedores que buscam eficiência sem sacrificar a flexibilidade. Se você valoriza a rapidez no desenvolvimento e a facilidade de manutenção do código, este framework deve estar no topo da sua lista.

Claro! Vamos detalhar o capítulo 1.2, **"Diferenças entre CodeIgniter 3 e 4"**.

1.2: **Diferenças entre CodeIgniter 3 e 4**

Com o lançamento do CodeIgniter 4.0, o framework passou por várias mudanças significativas em relação à versão anterior, CodeIgniter 3. Essas alterações não apenas modernizaram a estrutura do framework, mas também melhoraram o desempenho e a compatibilidade com as novas versões do PHP. Vamos explorar as principais diferenças entre CodeIgniter 3 e 4.

1. Suporte a PHP 7.2+ e Novas Funcionalidades

CodeIgniter 3:
- Suporta PHP até a versão 5.6.
- Algumas funcionalidades não são compatíveis com as versões mais recentes do PHP, o que pode causar problemas de compatibilidade e segurança.

CodeIgniter 4:
- Suporta PHP 7.2 e versões superiores, aproveitando as melhorias de desempenho e segurança do PHP moderno.
- Inclui recursos como tipos de dados, namespaces, e melhorias de sintaxe disponíveis no PHP 7 e 8.

2. Namespace e Autoloading PSR-4

CodeIgniter 3:
- Utiliza uma abordagem de autoloading própria e requer configuração manual para incluir classes e bibliotecas.
- A estrutura de namespaces não é suportada.

CodeIgniter 4:
- Adota o padrão PSR-4 para autoloading, facilitando a organização do código e a integração com outras bibliotecas e frameworks.
- Utiliza namespaces para melhorar a modularidade e evitar conflitos de nomes entre classes.

3. Arquitetura e Estrutura de Pastas

CodeIgniter 3:
- A estrutura de pastas é mais rígida e menos modular.
- As pastas são organizadas em **application**, **system**, e **user_guide**.

CodeIgniter 4:
- Introduz uma estrutura de pastas mais modular e flexível, incluindo **app**, **system**, **public**, e **writable**.
- A nova estrutura permite uma melhor separação de responsabilidades e facilita a manutenção e a escalabilidade das aplicações.

4. Sistema de Eventos e Hooks

CodeIgniter 3:
- Oferece suporte básico a hooks, permitindo a execução de código em pontos específicos do ciclo de vida da aplicação.

CodeIgniter 4:
- Introduz um sistema de eventos mais robusto, que permite um

maior controle sobre o fluxo da aplicação e a execução de código em momentos específicos.
- Facilita a criação de extensões e a integração com outras bibliotecas através de eventos e listeners.

5. Suporte a Migrations e Seeders

CodeIgniter 3:
- Não possui suporte nativo para migrations e seeders, o que pode tornar o gerenciamento de mudanças no banco de dados mais desafiador.

CodeIgniter 4:
- Inclui suporte nativo para migrations e seeders, permitindo o gerenciamento eficiente de versões de banco de dados e a inserção de dados de teste.

6. Melhorias no Query Builder e ORM

CodeIgniter 3:
- Possui um Query Builder simples e limitado, com suporte básico para operações CRUD.

CodeIgniter 4:
- Introduz um Query Builder mais avançado e flexível, com suporte para consultas mais complexas e otimizações de desempenho.
- Inclui o novo componente de ORM (Object-Relational Mapping) para uma manipulação mais intuitiva dos dados.

7. Novos Recursos e Ferramentas de Desenvolvimento

CodeIgniter 3:
- Oferece um conjunto básico de ferramentas e funcionalidades para o desenvolvimento.

CodeIgniter 4:
- Inclui um CLI (Command Line Interface) robusto, permitindo a execução de comandos para tarefas como migrações, testes e geração de código.
- Melhoria na documentação e inclusão de ferramentas adicionais para facilitar o desenvolvimento e a manutenção.

8. Sistema de Configuração e Cache

CodeIgniter 3:
- Utiliza um sistema de configuração e cache mais básico, que pode exigir ajustes manuais para otimizar o desempenho.

CodeIgniter 4:
- Oferece um sistema de configuração mais avançado e um suporte melhorado para cache, permitindo ajustes mais finos e otimizações de desempenho.

Conclusão

A transição do CodeIgniter 3 para o CodeIgniter 4 representa um avanço significativo em termos de funcionalidades, desempenho e compatibilidade com o PHP moderno. As melhorias na arquitetura, no suporte a namespaces, no sistema de eventos, e nas ferramentas de desenvolvimento tornam o CodeIgniter 4 uma escolha mais robusta e flexível para o desenvolvimento de aplicações web. Embora a migração possa exigir algum esforço, os benefícios oferecidos pela nova versão justificam a atualização, especialmente para projetos que buscam aproveitar as últimas inovações em PHP e desenvolvimento web.

1.3: **Instalação do CodeIgniter 4.0**

1. Requisitos de Sistema

Antes de começar, você precisa garantir que seu computador atenda a alguns requisitos básicos:

- **PHP:** CodeIgniter 4.0 funciona com PHP 7.2 ou superior. Verifique se você tem uma versão adequada do PHP instalada no seu computador.
- **Extensões PHP:** Algumas extensões do PHP são necessárias para que o CodeIgniter funcione corretamente. Essas extensões geralmente já vêm com a maioria das instalações do PHP, mas é bom verificar se estão ativas.
- **Servidor Web:** CodeIgniter pode ser executado em servidores como Apache ou Nginx. Para testes, você pode usar o servidor embutido que vem com o PHP.

2. O que é o Composer?

O Composer é uma ferramenta para gerenciar pacotes de software em PHP. Ele facilita a instalação e atualização de bibliotecas e frameworks, como o CodeIgniter.

Como instalar o Composer:

1. **Baixe o Composer:**
   - Acesse o site oficial do Composer: [getcomposer.org](https://getcomposer.org/download/).
   - Siga as instruções para baixar e instalar o Composer no seu sistema operacional (Windows, macOS ou Linux).

2. **Verifique a Instalação:**
   - Abra o terminal ou prompt de comando (no Windows, você pode usar o "Prompt de Comando" ou "PowerShell").
   - Digite o seguinte comando para verificar se o Composer foi instalado corretamente:

```
composer --version
```

- Você deve ver a versão do Composer exibida, indicando que a instalação foi bem-sucedida.

3. Instalando o CodeIgniter 4.0 via Composer**

Com o Composer instalado, você pode usar ele para instalar o CodeIgniter 4.0. Aqui está o passo a passo:

1. **Abra o Terminal ou Prompt de Comando:**
   - No Windows, você pode encontrar o "Prompt de Comando" ou "PowerShell" no menu iniciar.
   - No macOS ou Linux, você pode usar o "Terminal", que geralmente está disponível na pasta de aplicativos ou utilitários.

2. **Navegue até o Diretório do Projeto:**
   - Use o comando `cd` (change directory) para ir até a pasta onde você deseja criar o projeto CodeIgniter. Por exemplo:

```
cd caminho/para/pasta
```

   - Substitua `caminho/para/pasta` pelo caminho real da pasta no seu computador.

3. **Crie um Novo Projeto CodeIgniter:**
   - Execute o seguinte comando para criar um novo projeto CodeIgniter:

```
composer create-project codeigniter4/appstarter nome-do-projeto
```

   - Substitua `nome-do-projeto` pelo nome que você quer dar à sua pasta de projeto. O Composer irá baixar e instalar o CodeIgniter 4.0 nessa pasta.

4. **Verifique a Instalação:**

- Após a instalação, entre na pasta do projeto usando:

cd nome-do-projeto

- Inicie o servidor embutido do CodeIgniter para verificar se tudo está funcionando:

php spark serve

Como Iniciar o Servidor Embutido do CodeIgniter

O Que É o Servidor Embutido?

O servidor embutido é uma ferramenta que vem com o PHP e permite que você execute uma aplicação web diretamente do seu computador, sem a necessidade de configurar um servidor web completo como Apache ou Nginx. É ideal para desenvolvimento e testes, pois simplifica o processo e permite ver rapidamente as mudanças que você faz no seu código.

Passos para Iniciar o Servidor Embutido do CodeIgniter

1. **Abra o Terminal ou Prompt de Comando:**
    - **No Windows:** Procure por "Prompt de Comando" ou "PowerShell" no menu iniciar e abra um deles.
    - **No macOS ou Linux:** Abra o "Terminal", que geralmente está disponível em Aplicativos ou Utilitários.

2. **Navegue até o Diretório do Projeto CodeIgniter:**
    - Use o comando `cd` para ir até a pasta onde o CodeIgniter foi instalado. Por exemplo, se a pasta do projeto se chama `meu_projeto`, você deve digitar:
        cd caminho/para/meu_projeto
    - Substitua `caminho/para/meu_projeto` pelo caminho real da pasta no seu computador. Esse comando muda o diretório atual para a pasta do seu projeto CodeIgniter.

3. **Inicie o Servidor Embutido:**
  - No diretório do projeto, digite o seguinte comando:

  php spark serve

  - **O que esse comando faz:** `php spark serve` inicia um servidor web temporário que serve sua aplicação CodeIgniter. O `php` é o comando para executar o PHP, `spark` é uma ferramenta que vem com o CodeIgniter para gerenciamento e execução de tarefas, e `serve` é o comando específico para iniciar o servidor.

4. **Acesse sua Aplicação no Navegador:**
  - Após iniciar o servidor com o comando `php spark serve`, você verá uma mensagem no terminal indicando que o servidor está rodando. Normalmente, ele será acessível em `http://localhost:8080` ou em outro número de porta especificado na mensagem.
  - Abra um navegador da web (como Chrome, Firefox, ou Edge) e digite `http://localhost:8080` na barra de endereços para ver sua aplicação CodeIgniter em funcionamento.

5. **Parar o Servidor:**
  - Para parar o servidor embutido, volte ao terminal onde você executou o comando e pressione `Ctrl + C`. Isso interrompe o servidor e libera o terminal para outros comandos.

Por Que Usar o Servidor Embutido?

- **Facilidade:** Não é necessário configurar um servidor web completo, o que simplifica o processo de desenvolvimento.
- **Rapidez:** Permite ver as mudanças feitas no código em tempo real sem precisar reconfigurar um servidor web.
- **Teste Rápido:** Ideal para testar rapidamente sua aplicação em um ambiente local.

Conclusão

Iniciar o servidor embutido do CodeIgniter é um passo importante para começar a desenvolver e testar sua aplicação localmente. Com o `php spark serve`, você pode facilmente ver sua aplicação em ação e verificar se tudo está funcionando conforme o esperado.

   - Abra o navegador e vá para `http://localhost:8080` para ver a página inicial do CodeIgniter.

4. Instalação Manual

Se você preferir não usar o Composer, pode instalar o CodeIgniter manualmente:

1. **Baixe o CodeIgniter:**
   - Acesse a página de downloads do CodeIgniter: [CodeIgniter Download](https://codeigniter.com/download).
   - Baixe o arquivo ZIP da versão mais recente.

2. **Extraia o Arquivo ZIP:**
   - Localize o arquivo ZIP que você baixou e extraia seu conteúdo para uma pasta no seu computador.

3. **Configuração Básica:**
   - Renomeie o arquivo `env` para `.env` no diretório principal do projeto.
   - Abra o arquivo `.env` e configure as opções de ambiente, como o banco de dados.

4. **Configuração do Servidor Web:**
   - Se estiver usando Apache, verifique se o arquivo `.htaccess` está presente na pasta `public`.
   - Se estiver usando Nginx, você precisará ajustar a configuração

do servidor para apontar para o diretório `public` do CodeIgniter.

5. **Verifique a Instalação:**
   - Acesse `http://localhost` no seu navegador para ver a página inicial do CodeIgniter.

Conclusão

Seguindo essas etapas, você terá o CodeIgniter 4.0 instalado e funcionando no seu computador, pronto para começar o desenvolvimento de suas aplicações web. Se encontrar problemas durante a instalação, consulte a documentação oficial do CodeIgniter ou busque ajuda na comunidade online.

1.4: Configuração Inicial do CodeIgniter 4.0

Após instalar o CodeIgniter 4.0, o próximo passo é configurar o ambiente para começar o desenvolvimento. Nesta seção, vamos abordar as principais configurações iniciais que você precisa fazer para garantir que sua aplicação funcione corretamente.

1. Estrutura do Projeto

Após a instalação, a estrutura básica do seu projeto CodeIgniter 4.0 deve ser semelhante a esta:

```
meu_projeto/
|
├── app/                  # Código-fonte da aplicação
|   ├── Controllers/      # Controladores
|   ├── Models/           # Modelos
|   ├── Views/            # Views (Visões)
|   └── Config/           # Configurações da aplicação
|
├── system/               # Código do framework CodeIgniter
|
├── public/               # Arquivos públicos (document root)
|   ├── index.php         # Ponto de entrada da aplicação
|
├── writable/             # Diretórios de gravação (logs, cache, etc.)
|
├── .env                  # Arquivo de configuração do ambiente
└── composer.json         # Arquivo de dependências do Composer
```

2. Configuração do Ambiente

O CodeIgniter usa um arquivo chamado .env para gerenciar as configurações de ambiente. Esse arquivo é essencial para definir as configurações específicas de desenvolvimento e produção.

Localize e Renomeie o Arquivo .env:

No diretório raiz do seu projeto, você encontrará um arquivo chamado env. Renomeie este arquivo para .env:

```
mv env .env
```

Se estiver usando um sistema operacional gráfico, você pode renomear o arquivo diretamente na interface de arquivos.

Abra o Arquivo .env em um Editor de Texto:

Use um editor de texto (como Notepad++ no Windows, TextEdit no macOS, ou qualquer editor de código como VS Code) para abrir o arquivo .env.
Configure o Ambiente:

No arquivo .env, você encontrará várias configurações que você pode ajustar. As principais configurações incluem:

```
CI_ENVIRONMENT = development
```

CI_ENVIRONMENT: Define o ambiente da aplicação. Pode ser development (desenvolvimento) ou production (produção). No ambiente de desenvolvimento, mensagens de erro e depuração são exibidas, enquanto no ambiente de produção, elas são ocultas para segurança.
Configuração do Banco de Dados:

Localize a seção [database] no arquivo .env e configure as opções do banco de dados:

```
database.default.hostname = localhost
database.default.database = nome_do_banco
database.default.username = usuario
database.default.password = senha
database.default.DBDriver = MySQLi
```

Substitua nome_do_banco, usuario, e senha pelos detalhes do seu banco de dados. DBDriver pode ser MySQLi, Postgre, SQLite3, ou outro driver suportado.
3. Configuração de URLs e Base de URL
Configuração da Base URL:

A base URL define a URL base da sua aplicação. No CodeIgniter 4.0,

isso é configurado no arquivo app/Config/App.php.
Abra app/Config/App.php e localize a configuração
$baseURL:

```
public $baseURL = 'http://localhost:8080/';
```

Ajuste o valor de $baseURL para corresponder ao endereço onde sua aplicação estará disponível. No ambiente local, geralmente é http://localhost:8080/.

4. Permissões de Pasta
Algumas pastas precisam de permissões especiais para funcionar corretamente, especialmente para operações de gravação. Garanta que as permissões estão corretas para a pasta writable e suas subpastas:

No Linux ou macOS:

```
chmod -R 755 writable
```

No Windows:

Clique com o botão direito na pasta writable, vá para "Propriedades", depois na aba "Segurança" e garanta que o usuário do servidor web tem permissões de escrita.
5. Verificação da Configuração
Inicie o Servidor Embutido:

No terminal, navegue até o diretório do projeto e inicie o servidor:

```
php spark serve
```

Abra o navegador e acesse http://localhost:8080.
 Se tudo estiver configurado corretamente, você verá a página inicial padrão do CodeIgniter.

Verifique Logs de Erro:

Caso encontre problemas, verifique os arquivos de log localizados na pasta writable/logs para mensagens de erro que possam ajudar na resolução de problemas.

Conclusão

Configurar o CodeIgniter 4.0 corretamente é essencial para garantir que sua aplicação funcione sem problemas. Ao ajustar as configurações no arquivo .env, definir a base URL e garantir as permissões adequadas, você estará pronto para começar o desenvolvimento de sua aplicação. Se você encontrar algum problema, consulte a documentação oficial ou procure ajuda na comunidade CodeIgniter.

1.5: **Estrutura e Arquitetura do CodeIgniter 4.0**

O CodeIgniter 4.0 é um framework PHP que segue o padrão MVC (Model-View-Controller) para organizar o código e facilitar o desenvolvimento de aplicações web. Conhecer a estrutura e a arquitetura do CodeIgniter 4.0 é fundamental para criar aplicações eficientes e bem-organizadas. Neste capítulo, vamos explorar a estrutura do projeto e os principais componentes do CodeIgniter.

1. Estrutura do Projeto

A estrutura básica do projeto CodeIgniter 4.0 é organizada em várias pastas e arquivos, cada um com uma função específica:

```
` ` `
meu_projeto/
|
├── app/ # Código-fonte da aplicação
|    ├── Controllers/ # Controladores: gerenciam a lógica e as
interações do aplicativo
|    ├── Models/     # Modelos: gerenciam os dados e as interações
com o banco de dados
|    ├── Views/     # Views (Visões): definem a aparência e o layout
das páginas
|    └── Config/      # Arquivos de configuração
|
├── system/   # Código do framework CodeIgniter
|
├── public/        # Arquivos acessíveis publicamente (document
root)
|    ├── index.php     # Ponto de entrada da aplicação
|
├── writable/        # Diretórios onde o CodeIgniter pode gravar
arquivos (logs, cache, etc.)
|
├── .env          # Arquivo de configuração do ambiente
└── composer.json      # Arquivo de dependências do Composer
` ` `
```

2. Componentes Principais

Vamos explorar cada uma das pastas e arquivos principais em mais detalhes:

1. ** ` app/ ` **:

   - ** ` Controllers/ ` **
     - Contém arquivos que definem os controladores da aplicação. Os controladores são responsáveis por processar solicitações, interagir com os modelos e carregar as views.

- Exemplo: `Home.php` pode ser um controlador que lida com a página inicial.

- ** `Models/` **
  - Contém arquivos que definem os modelos da aplicação. Os modelos são responsáveis pela interação com o banco de dados e manipulação dos dados.
  - Exemplo: `UserModel.php` pode ser um modelo que lida com operações relacionadas a usuários.

- ** `Views/` **
  - Contém arquivos que definem as views da aplicação. As views são responsáveis pela apresentação de dados ao usuário.
  - Exemplo: `home_view.php` pode ser uma view que exibe a página inicial.

- ** `Config/` **
  - Contém arquivos de configuração que definem as configurações da aplicação, como configuração do banco de dados, rotas, e outras definições importantes.
  - Exemplo: `App.php` é um arquivo de configuração importante para definir a base URL e o ambiente.

2. ** `system/` **

- Contém o código fonte do framework CodeIgniter. Normalmente, você não precisa modificar esses arquivos, pois eles são responsáveis por fornecer a funcionalidade do framework.

3. ** `public/` **

- Contém arquivos que são acessíveis publicamente pela web. Esta pasta é o ponto de entrada para sua aplicação.
  - ** `index.php` **: É o ponto de entrada principal para todas as solicitações HTTP. O CodeIgniter usa este arquivo para iniciar e processar a aplicação.

4. **`writable/`**

- Contém diretórios e arquivos onde o CodeIgniter pode gravar dados, como logs e cache. É importante que essas pastas tenham permissões de escrita adequadas.
- **`logs/`**: Armazena arquivos de log que podem ajudar na depuração e monitoramento da aplicação.
- **`cache/`**: Armazena dados em cache para melhorar o desempenho da aplicação.

5. **`.env`**

- Arquivo de configuração que define o ambiente da aplicação (`development` ou `production`) e outras configurações importantes.

6. **`composer.json`**

- Arquivo de configuração do Composer que lista as dependências do projeto. O Composer gerencia essas dependências para garantir que a aplicação tenha todas as bibliotecas necessárias.

3. Padrão MVC

O CodeIgniter 4.0 segue o padrão de arquitetura MVC, que separa a aplicação em três componentes principais:

1. **Model (Modelo):**
   - Gerencia os dados da aplicação e interage com o banco de dados.
   - Exemplo: Um modelo pode ser responsável por recuperar dados de um banco de dados e retorná-los para o controlador.

2. **View (Visão):**
   - Define a interface de usuário e a apresentação dos dados.
   - Exemplo: Uma view pode ser um arquivo HTML que exibe

informações para o usuário.

3. **Controller (Controlador):**
   - Gerencia a lógica da aplicação e a interação entre modelos e views.
   - Exemplo: Um controlador pode processar uma solicitação do usuário, obter dados do modelo e carregar uma view para exibir esses dados.

4. Configuração de Rotas

- ** `app/Config/Routes.php` **
  - Define as rotas da aplicação, que determinam como as URLs são mapeadas para os controladores e métodos específicos.
  - Exemplo: Você pode definir uma rota para que `http://localhost:8080/` seja mapeado para o método `index()` do controlador `Home`.

5. Arquivos de Configuração

- ** `app/Config/` **
  - Contém vários arquivos de configuração para diferentes aspectos da aplicação, como o banco de dados (`Database.php`), email (`Email.php`), e mais.

Conclusão

Compreender a estrutura e a arquitetura do CodeIgniter 4.0 é essencial para desenvolver aplicações web de maneira eficaz. A estrutura do projeto é organizada para separar claramente o código-fonte da aplicação, o código do framework, e os arquivos acessíveis publicamente. O padrão MVC ajuda a manter a aplicação organizada e facilita a manutenção e expansão do código.

** 1.6: Estrutura de Diretórios
e Arquivos do CodeIgniter 4.0**

Entender a estrutura de diretórios e arquivos do CodeIgniter 4.0 é fundamental para trabalhar eficientemente com o framework. Cada parte da estrutura tem uma função específica e ajuda a manter seu código organizado. Vamos explorar cada diretório e arquivo principal do projeto CodeIgniter 4.0.

3.1 Diretório `app/`

O diretório `app/` é onde você colocará a maior parte do código da sua aplicação. Ele contém os principais componentes que ajudam a construir e gerenciar sua aplicação web.

1. **`Controllers/` (Controladores)**
   - **Função:** Contém os arquivos que gerenciam a lógica da aplicação e respondem às solicitações do usuário.
   - **Exemplo:** Se você tiver uma página para mostrar uma lista de produtos, um controlador pode processar a solicitação, buscar os produtos do banco de dados e passar essas informações para a view exibir.
   - **Localização típica:** `app/Controllers/`

2. **`Models/` (Modelos)**
   - **Função:** Contém os arquivos que lidam com a interação com o banco de dados. Eles são responsáveis por recuperar, salvar e manipular os dados.
   - **Exemplo:** Um modelo pode buscar informações de usuários no banco de dados ou salvar novos registros de produtos.
   - **Localização típica:** `app/Models/`

3. **`Views/` (Visões)**
   - **Função:** Contém os arquivos que definem a apresentação das

páginas para o usuário. São os arquivos HTML e PHP que formam a interface do usuário.

- **Exemplo:** Arquivos que definem o layout e o conteúdo das páginas que os usuários vêem, como a página inicial ou o formulário de login.
- **Localização típica:** `app/Views/`

4. ** `Config/` (Configurações)**
- **Função:** Contém os arquivos de configuração que definem aspectos importantes da aplicação, como configuração do banco de dados, rotas e outras definições.
- **Exemplo:** Arquivo `App.php` que define a URL base da aplicação e outras configurações globais.
- **Localização típica:** `app/Config/`

5. ** `Database/` (Banco de Dados)**
- **Função:** Contém os arquivos relacionados ao banco de dados, como migrações e seeds.
- **Exemplo:** Arquivos que ajudam a criar e modificar tabelas do banco de dados ou preencher o banco com dados iniciais.
- **Localização típica:** `app/Database/`

3.2 Diretório `system/`

O diretório `system/` contém o código interno do CodeIgniter. Estes arquivos fazem o framework funcionar e geralmente não precisam ser modificados por você.

1. ** `Core/` (Núcleo)**
- **Função:** Contém o núcleo do framework CodeIgniter, como as classes principais que o framework usa para processar solicitações e gerenciar a aplicação.
- **Localização típica:** `system/Core/`

2. ** `Libraries/` (Bibliotecas)**
- **Função:** Contém bibliotecas adicionais fornecidas pelo

CodeIgniter que você pode usar para funcionalidades como envio de e-mail, manipulação de arquivos, etc.
  - **Localização típica:** `system/Libraries/`

3. ** `Helpers/` (Ajuda)**
  - **Função:** Contém funções auxiliares que facilitam tarefas comuns, como manipulação de strings e arrays.
  - **Localização típica:** `system/Helpers/`

4. ** `Config/` (Configurações)**
  - **Função:** Contém arquivos de configuração internos do framework. Esses arquivos definem como o framework deve se comportar.
  - **Localização típica:** `system/Config/`

3.3 Diretório `public/`

O diretório `public/` é a única parte do seu projeto que deve ser acessível diretamente pela web. Contém os arquivos que os visitantes do seu site podem ver e interagir.

1. ** `index.php`**
  - **Função:** Este é o ponto de entrada principal da sua aplicação. Quando alguém acessa seu site, o servidor usa este arquivo para iniciar a aplicação CodeIgniter e processar as solicitações.
  - **Localização típica:** `public/index.php`

2. **Arquivos Públicos**
  - **Função:** Contém arquivos acessíveis diretamente, como imagens, folhas de estilo (CSS) e scripts JavaScript.
  - **Localização típica:** `public/` pode conter subpastas como `css/`, `js/`, e `images/` para organizar esses arquivos.

3.4 Diretório `writable/`

O diretório `writable/` é onde o CodeIgniter armazena arquivos que precisam ser criados ou atualizados pelo framework.

1. **`cache/` (Cache)**
   - **Função:** Armazena dados temporários que ajudam a melhorar o desempenho da aplicação.
   - **Localização típica:** `writable/cache/`

2. **`logs/` (Logs)**
   - **Função:** Armazena arquivos de log que ajudam a monitorar e depurar a aplicação.
   - **Localização típica:** `writable/logs/`

3. **`uploads/` (Uploads)**
   - **Função:** Armazena arquivos enviados pelos usuários, como imagens ou documentos.
   - **Localização típica:** `writable/uploads/`

3.5 Arquivo `.env`

- **Função:** Contém configurações do ambiente da aplicação, como se está em desenvolvimento ou produção, e outras configurações importantes, como detalhes de conexão com o banco de dados.
- **Localização típica:** Diretório principal do projeto.
- **Como usar:** Edite este arquivo para ajustar configurações específicas do ambiente da aplicação.

3.6 Arquivo `composer.json`

- **Função:** Lista as bibliotecas e ferramentas que sua aplicação usa e gerencia as dependências do projeto.
- **Localização típica:** Diretório principal do projeto.
- **Como usar:** Você não precisa modificar este arquivo diretamente, mas pode adicionar ou remover bibliotecas usando o Composer.

2. **CONFIGURAÇÃO INICIAL

Este capítulo aborda como preparar seu ambiente de desenvolvimento para usar o CodeIgniter 4.0. Vamos ver como configurar o ambiente (como XAMPP ou WAMP), ajustar as configurações básicas do framework e configurar a conexão com o banco de dados.

2.1 Configuração do Ambiente

Para começar a usar o CodeIgniter 4.0, você precisa de um servidor web e de PHP. Ferramentas como XAMPP e WAMP facilitam esse processo ao fornecer um ambiente de desenvolvimento completo.

1. **XAMPP**

   - **O que é:** XAMPP é um pacote que inclui Apache (servidor web), MySQL (banco de dados), PHP e Perl.
   - **Como instalar:**
     1. **Baixe o XAMPP:** Acesse o site [Apache Friends](https://www.apachefriends.org/index.html) e baixe a versão para o seu sistema operacional.
     2. **Instale o XAMPP:** Execute o arquivo de instalação e siga as instruções.
     3. **Inicie os serviços:** Abra o painel de controle do XAMPP e inicie os serviços Apache e MySQL.
   - **Onde colocar o projeto:** Coloque seu projeto CodeIgniter na

pasta `htdocs` dentro do diretório onde o XAMPP está instalado. Por exemplo, `C:\xampp\htdocs\meu_projeto`.

2. **WAMP**

- **O que é:** WAMP é semelhante ao XAMPP, incluindo o Apache, MySQL e PHP.
- **Como instalar:**
    1. **Baixe o WAMP:** Acesse o site [WampServer](http://www.wampserver.com/en/) e baixe a versão apropriada.
    2. **Instale o WAMP:** Execute o arquivo de instalação e siga as instruções.
    3. **Inicie os serviços:** Abra o painel do WAMP e inicie os serviços Apache e MySQL.
- **Onde colocar o projeto:** Coloque seu projeto CodeIgniter na pasta `www` dentro do diretório onde o WAMP está instalado. Por exemplo, `C:\wamp\www\meu_projeto`.

2.2 Configurações Básicas do Framework

Após configurar o ambiente, você precisa ajustar algumas configurações básicas do CodeIgniter para garantir que tudo funcione corretamente.

1. **Configuração do Ambiente**

- **Arquivo `.env`:**
    1. **Localize o Arquivo:** No diretório principal do seu projeto CodeIgniter, renomeie o arquivo `env` para `.env`.
    2. **Abra o Arquivo:** Use um editor de texto para abrir o arquivo `.env`.
    3. **Defina o Ambiente:**
        - **Desenvolvimento:** Mantenha `CI_ENVIRONMENT = development` para exibir erros e facilitar o desenvolvimento.
        - **Produção:** Mude para `CI_ENVIRONMENT = production` quando sua aplicação estiver pronta para ser lançada

ao público.

2. **Configuração da Base URL**

- **Arquivo `App.php`:**
    1. **Localize o Arquivo:** No diretório `app/Config`, abra o arquivo `App.php`.
    2. **Defina a Base URL:**
        - Encontre a linha `public $baseURL = 'http://localhost:8080/';`
        - Ajuste a URL conforme o endereço do seu projeto. Por exemplo, se estiver usando o XAMPP e o projeto estiver em `C:\xampp\htdocs\meu_projeto`, a base URL pode ser `http://localhost/meu_projeto/`.

3. **Permissões de Pasta**

- **Importância:** Certifique-se de que o CodeIgniter tenha permissão para gravar em certas pastas, como `writable`.
- **No Windows:**
    - Normalmente, as permissões são definidas automaticamente. Apenas garanta que o servidor web (Apache) tenha acesso de escrita à pasta `writable`.
- **No Linux ou macOS:**
    - Use o terminal para definir permissões:
    chmod -R 755 writable

2.3 Configuração do Banco de Dados

Para que o CodeIgniter possa se conectar ao seu banco de dados, você precisa configurar as credenciais de acesso.

1. **Arquivo `.env`:**
    - **Configurações do Banco de Dados:**
        1. **Abra o Arquivo `.env`:** No diretório principal do projeto.
        2. **Defina as Configurações:**

- Configure as seguintes variáveis para corresponder às suas credenciais de banco de dados:
     database.default.hostname = localhost
     database.default.database = nome_do_banco
     database.default.username = usuario
     database.default.password = senha
     database.default.DBDriver = MySQLi
     ` ` `

2. **Arquivo `Database.php`:**
   - **Localize o Arquivo:** Em `app/Config/`, abra o arquivo `Database.php`.
   - **Verifique as Configurações:**
     - Certifique-se de que as configurações no `.env` estejam corretas. O CodeIgniter lerá essas configurações do arquivo `.env` automaticamente.

Resumo:

- **Configuração do Ambiente:** Instale e configure o XAMPP ou WAMP, colocando seu projeto na pasta apropriada e iniciando os serviços necessários.
- **Configurações Básicas do Framework:** Ajuste o arquivo `.env` e a base URL no `App.php` para refletir seu ambiente de desenvolvimento.
- **Configuração do Banco de Dados:** Defina as credenciais de acesso ao banco de dados no arquivo `.env` para permitir que o CodeIgniter se conecte corretamente.

Com essas configurações, seu ambiente de desenvolvimento estará pronto para você começar a construir e testar sua aplicação com o CodeIgniter 4.0.

3. **FUNDAMENTOS DO CODEIGNITER 4.0**

- Arquitetura MVC (Model-View-Controller)
- Rotas e Controllers
- Models e Interação com Banco de Dados
- Views e Templates

4. **MANIPULAÇÃO DE DADOS**

Neste capítulo, vamos aprender como manipular dados em uma aplicação CodeIgniter 4.0. Isso inclui criar, ler, atualizar e excluir dados (CRUD), validar formulários para garantir dados corretos e trabalhar com sessões e cookies para armazenar informações do usuário.

4.1 CRUD (Create, Read, Update, Delete)

CRUD é um conjunto de operações básicas para manipulação de dados em um banco de dados. Vamos ver como implementar cada uma dessas operações no CodeIgniter 4.0.

1. **Create (Criar)**
   - **Objetivo:** Adicionar novos dados ao banco de dados.
   - **Exemplo:** Criar um novo usuário ou um novo produto.
   - **Como fazer:**
      1. **Modelo:** Crie um modelo para interagir com a tabela do banco de dados.

```
namespace App\Models;
use CodeIgniter\Model;

class UsuarioModel extends Model {
    protected $table = 'usuarios';
    protected $primaryKey = 'id';
    protected $allowedFields = ['nome', 'email', 'senha'];
}
```

2. **Controlador:** Adicione um método para criar novos registros.

```
namespace App\Controllers;
use App\Models\UsuarioModel;

class Usuario extends BaseController {
    public function criar() {
        $usuarioModel = new UsuarioModel();
        $data = [
            'nome' => 'João',
            'email' => 'joao@example.com',
            'senha' => password_hash('senha123', PASSWORD_DEFAULT)
        ];
        $usuarioModel->save($data);
        return redirect()->to('/usuarios');
    }
}
```

2. **Read (Ler)**
   - **Objetivo:** Recuperar dados do banco de dados.
   - **Exemplo:** Exibir a lista de usuários ou detalhes de um produto.
   - **Como fazer:**
     1. **Modelo:** Utilize o mesmo modelo criado para `Create`.

2. **Controlador:** Adicione um método para ler registros.

```
namespace App\Controllers;
use App\Models\UsuarioModel;

class Usuario extends BaseController {
    public function listar() {
        $usuarioModel = new UsuarioModel();
        $data['usuarios'] = $usuarioModel->findAll();
        return view('usuarios/listar', $data);
    }
}
```

3. **Update (Atualizar)**
   - **Objetivo:** Modificar dados existentes no banco de dados.
   - **Exemplo:** Atualizar as informações de um usuário.
   - **Como fazer:**
     1. **Modelo:** Utilize o mesmo modelo criado para `Create`.
     2. **Controlador:** Adicione um método para atualizar registros.

```
namespace App\Controllers;
use App\Models\UsuarioModel;

class Usuario extends BaseController {
    public function atualizar($id) {
        $usuarioModel = new UsuarioModel();
        $data = [
            'nome' => 'João Atualizado',
            'email' => 'joaoatualizado@example.com'
        ];
        $usuarioModel->update($id, $data);
        return redirect()->to('/usuarios');
    }
}
```

4. **Delete (Excluir)**
   - **Objetivo:** Remover dados do banco de dados.
   - **Exemplo:** Excluir um usuário ou um produto.
   - **Como fazer:**
   1. **Modelo:** Utilize o mesmo modelo criado para `Create`.
   2. **Controlador:** Adicione um método para excluir registros.

```
namespace App\Controllers;
use App\Models\UsuarioModel;

class Usuario extends BaseController {
    public function excluir($id) {
        $usuarioModel = new UsuarioModel();
        $usuarioModel->delete($id);
        return redirect()->to('/usuarios');
    }
}
```

4.2 Validação de Formulários

Validação de formulários é importante para garantir que os dados inseridos pelos usuários sejam corretos e seguros.

1. **Validação Básica**
   - **Objetivo:** Verificar se os dados inseridos estão no formato correto.
   - **Como fazer:**
   1. **Modelo:** Adicione regras de validação.

```php
namespace App\Models;
use CodeIgniter\Model;

class UsuarioModel extends Model {
    protected $table = 'usuarios';
    protected $primaryKey = 'id';
    protected $allowedFields = ['nome', 'email', 'senha'];
    protected $validationRules = [
        'nome' => 'required|min_length[3]',
        'email' => 'required|valid_email',
        'senha' => 'required|min_length[6]'
    ];
    protected $validationMessages = [
        'nome' => [
            'required' => 'O nome é obrigatório',
            'min_length' => 'O nome deve ter pelo menos 3 caracteres'
        ],
        'email' => [
            'required' => 'O e-mail é obrigatório',
            'valid_email' => 'O e-mail deve ser válido'
        ],
        'senha' => [
            'required' => 'A senha é obrigatória',
            'min_length' => 'A senha deve ter pelo menos 6 caracteres'
        ]
    ];
}
```

2. **Validação no Controlador**
  - **Objetivo:** Garantir que os dados sejam válidos antes de salvar.
  - **Como fazer:**
    1. **Controlador:** Verifique a validade dos dados e mostre erros se necessário.

```
1    namespace App\Controllers;
2    use App\Models\UsuarioModel;
3
4    class Usuario extends BaseController {
5        public function criar() {
6            $usuarioModel = new UsuarioModel();
7            if ($this->request->getMethod() === 'post') {
8                $validation = \Config\Services::validation();
9                if (!$this->validate([
10                   'nome' => 'required|min_length[3]',
11                   'email' => 'required|valid_email',
12                   'senha' => 'required|min_length[6]'
13               ])) {
14                   return view('usuarios/criar', [
15                       'validation' => $this->validator
16                   ]);
17               }
18               $data = [
19                   'nome' => $this->request->getPost('nome'),
20                   'email' => $this->request->getPost('email'),
21                   'senha' => password_hash($this->request->getPost('senha'), PASSWORD_DEFAULT)
22               ];
23               $usuarioModel->save($data);
24               return redirect()->to('/usuarios');
25           }
26           return view('usuarios/criar');
27       }
28   }
29
```

4.3 Manipulação de Sessões e Cookies

Sessões e cookies são usados para armazenar informações do usuário, como preferências ou dados de login.

1. **Sessões**
   - **Objetivo:** Armazenar dados temporários entre diferentes requisições.
   - **Como fazer:**
     1. **Configuração:** Certifique-se de que as sessões estejam habilitadas no `app/Config/App.php`.

```
public $sessionDriver = 'CodeIgniter\Session\Handlers\FileHandler';
public $sessionCookieName = 'ci_session';
public $sessionExpiration = 7200;
```

2. **Uso no Controlador:**

```php
namespace App\Controllers;

class Usuario extends BaseController {
    public function login() {
        $session = \Config\Services::session();
        $session->set('usuario_id', $userId);
        return redirect()->to('/dashboard');
    }

    public function logout() {
        $session = \Config\Services::session();
        $session->remove('usuario_id');
        return redirect()->to('/login');
    }
}
```

2. **Cookies**
   - **Objetivo:** Armazenar pequenos pedaços de dados no navegador do usuário.
   - **Como fazer:**
   1. **Configuração e Uso:**

```php
namespace App\Controllers;

class Usuario extends BaseController {
    public function setCookie() {
        $cookie = [
            'name'   => 'usuario',
            'value'  => 'joao',
            'expire' => '3600',
            'path'   => '/'
        ];
        set_cookie($cookie);
        return redirect()->to('/home');
    }

    public function getCookie() {
        $usuario = get_cookie('usuario');
        return $this->response->setBody('Usuário: ' . $usuario);
    }
}
```

Resumo:

- **CRUD:** Implementamos as operações de criar, ler, atualizar e excluir dados usando modelos e controladores.
- **Validação de Formulários:** Garantimos que os dados inseridos pelos usuários sejam corretos e seguros usando regras de validação.
- **Sessões e Cookies:** Armazenamos dados temporários e preferências do usuário para melhorar a experiência.

** 5: TRABALHANDO COM RELACIONAMENTOS**

Neste capítulo, você aprenderá a trabalhar com relacionamentos entre tabelas no banco de dados usando o CodeIgniter 4.0. Vamos explorar diferentes tipos de relacionamentos (1:1, 1:N, N:N) e as estratégias de carregamento de dados (*Eager Loading* e *Lazy Loading*).

5.1 Relacionamentos entre Tabelas

No desenvolvimento de aplicações, é comum que uma tabela tenha relação com outra. Essas relações podem ser de vários tipos:

1. **Relacionamento 1:1 (Um para Um)**
   - **O que é:** Cada registro em uma tabela está relacionado a um único registro em outra tabela.
   - **Exemplo:** Uma tabela `usuários` e uma tabela `perfis`, onde cada usuário tem um perfil único.
   - **Como fazer:**
     1. **Estrutura do Banco de Dados:**
        - Tabela `usuarios`: `id`, `nome`, `email`
        - Tabela `perfis`: `id`, `usuario_id`, `foto`, `bio`
     2. **Modelo:** Relacionando as tabelas.

```
1   namespace App\Models;
2   use CodeIgniter\Model;
3
4   class UsuarioModel extends Model {
5       protected $table = 'usuarios';
6       protected $primaryKey = 'id';
7       protected $allowedFields = ['nome', 'email'];
8
9       public function getPerfil($id) {
10          return $this->db->table('perfis')->where('usuario_id', $id)->get()->getRow();
11      }
12  }
13
```

2. **Relacionamento 1:N (Um para Muitos)**
   - **O que é:** Um único registro em uma tabela está relacionado a vários registros em outra tabela.
   - **Exemplo:** Uma tabela `categorias` e uma tabela `produtos`, onde cada categoria pode ter vários produtos.
   - **Como fazer:**
     1. **Estrutura do Banco de Dados:**
        - Tabela `categorias`: `id`, `nome`
        - Tabela `produtos`: `id`, `categoria_id`, `nome_produto`, `preco`
     2. **Modelo:** Relacionando as tabelas.

```
1   namespace App\Models;
2   use CodeIgniter\Model;
3
4   class CategoriaModel extends Model {
5       protected $table = 'categorias';
6       protected $primaryKey = 'id';
7       protected $allowedFields = ['nome'];
8
9       public function getProdutos($id) {
10          return $this->db->table('produtos')->where('categoria_id', $id)->get()->getResult();
11      }
12  }
13
```

3. **Relacionamento N:N (Muitos para Muitos)**
   - **O que é:** Um registro em uma tabela pode estar relacionado a vários registros em outra tabela, e vice-versa.
   - **Exemplo:** Uma tabela `estudantes` e uma tabela `cursos`, onde um estudante pode estar matriculado em vários cursos, e

cada curso pode ter vários estudantes.
 - **Como fazer:**
   1. **Estrutura do Banco de Dados:**
     - Tabela `estudantes`: `id`, `nome`
     - Tabela `cursos`: `id`, `nome_curso`
     - Tabela intermediária `estudante_curso`: `estudante_id`, `curso_id`
   2. **Modelo:** Relacionando as tabelas.

```php
namespace App\Models;
use CodeIgniter\Model;

class EstudanteModel extends Model {
    protected $table = 'estudantes';
    protected $primaryKey = 'id';
    protected $allowedFields = ['nome'];

    public function getCursos($id) {
        return $this->db->table('estudante_curso')
                        ->join('cursos', 'cursos.id = estudante_curso.curso_id')
                        ->where('estudante_curso.estudante_id', $id)
                        ->get()->getResult();
    }
}
```

5.2 Eager Loading e Lazy Loading

Quando você trabalha com relacionamentos, é importante entender como os dados relacionados são carregados.

1. **Lazy Loading (Carregamento Tardio)**
   - **O que é:** Os dados relacionados só são carregados quando explicitamente solicitados.
   - **Vantagem:** Economia de recursos se você não precisar dos dados relacionados imediatamente.

- **Como funciona:** No exemplo acima, `getPerfil($id)` seria chamado apenas quando necessário.

2. **Eager Loading (Carregamento Antecipado)**
   - **O que é:** Os dados relacionados são carregados imediatamente junto com os dados principais.
- **Vantagem:** Reduz o número de consultas ao banco de dados se você precisar dos dados relacionados de qualquer maneira.
- **Como fazer:**
   1. **Exemplo de Implementação:**

```php
namespace App\Models;
use CodeIgniter\Model;

class UsuarioModel extends Model {
    protected $table = 'usuarios';
    protected $primaryKey = 'id';
    protected $allowedFields = ['nome', 'email'];

    public function getUsuarioComPerfil($id) {
        return $this->db->table('usuarios')
                    ->join('perfis', 'perfis.usuario_id = usuarios.id')
                    ->where('usuarios.id', $id)
                    ->get()->getRow();
    }
}
```

Resumo:

- **Relacionamentos entre Tabelas:** Vimos como modelar e implementar os relacionamentos 1:1, 1:N, e N:N entre tabelas usando CodeIgniter.

- **Eager Loading e Lazy Loading:** Entendemos as diferenças entre carregamento antecipado e tardio de dados relacionados, e como usar essas técnicas de maneira eficaz.

6. **AUTENTICAÇÃO E AUTORIZAÇÃO***

Neste capítulo, vamos aprender a implementar um sistema de autenticação (login e registro) e autorização (controle de acesso) em uma aplicação web utilizando CodeIgniter 4.0. Esses recursos são fundamentais para garantir que apenas usuários autorizados possam acessar determinadas partes de sua aplicação.

6.1 Sistema de Login e Registro de Usuários

A primeira parte da implementação de autenticação é permitir que os usuários se registrem e façam login na aplicação.

1. **Criação de Formulários de Registro e Login:**
   - **Formulário de Registro:**
        - Campos comuns incluem `nome`, `email`, `senha` e `confirmação de senha`.
     - **Exemplo HTML:**

```html
<form action="/register" method="post">
    <input type="text" name="nome" placeholder="Nome">
    <input type="email" name="email" placeholder="Email">
    <input type="password" name="senha" placeholder="Senha">
    <input type="password" name="confirmar_senha" placeholder="Confirme a Senha">
    <button type="submit">Registrar</button>
</form>
```

Formulário de Login:
Campos comuns incluem email e senha.

Exemplo HTML:

```html
<form action="/login" method="post">
    <input type="email" name="email" placeholder="Email">
    <input type="password" name="senha" placeholder="Senha">
    <button type="submit">Login</button>
</form>
```

2. **Salvando Usuários no Banco de Dados:**
   - **Criação da Tabela de Usuários:**
      - Uma tabela típica de usuários pode incluir campos como `id`, `nome`, `email`, `senha_hash`, `data_criacao`.
   - **Exemplo SQL:**

```sql
CREATE TABLE usuarios (
    id INT AUTO_INCREMENT PRIMARY KEY,
    nome VARCHAR(100),
    email VARCHAR(100) UNIQUE,
    senha_hash VARCHAR(255),
    data_criacao TIMESTAMP DEFAULT CURRENT_TIMESTAMP
);
```

   - **Registro de Usuários:**
   - Durante o registro, a senha do usuário é criptografada antes de ser salva no banco de dados.
   - **Exemplo de Código PHP:**

```php
namespace App\Controllers;

use App\Models\UsuarioModel;

class AuthController extends BaseController {
    public function register() {
        $usuarioModel = new UsuarioModel();
        $dados = [
            'nome' => $this->request->getPost('nome'),
            'email' => $this->request->getPost('email'),
            'senha_hash' => password_hash($this->request->getPost('senha'), PASSWORD_DEFAULT)
        ];
        $usuarioModel->save($dados);
        return redirect()->to('/login');
    }
}
```

3. **Autenticando Usuários:**
   - **Verificação de Credenciais:**
     - No login, você verifica o email e a senha fornecidos comparando-os com os registros no banco de dados.
   - **Exemplo de Código PHP:**

```php
public function login() {
    $usuarioModel = new UsuarioModel();
    $email = $this->request->getPost('email');
    $senha = $this->request->getPost('senha');

    $usuario = $usuarioModel->where('email', $email)->first();

    if ($usuario && password_verify($senha, $usuario['senha_hash'])) {
        // Salva os dados do usuário na sessão
        session()->set(['usuario_id' => $usuario['id'], 'nome' => $usuario['nome']]);
        return redirect()->to('/dashboard');
    } else {
        return redirect()->back()->with('error', 'Credenciais inválidas');
    }
}
```

6.2 Autenticação com Biblioteca Nativa do CodeIgniter

O CodeIgniter 4.0 possui uma biblioteca chamada `Auth` que simplifica a implementação de autenticação. Aqui, veremos como utilizá-la:

1. **Instalação da Biblioteca:**
   - Normalmente, você pode instalar bibliotecas através do

Composer.
- **Comando Composer:**

```
composer require codeigniter4/auth
```

2. **Configuração e Uso:**
- Após a instalação, você pode configurar a biblioteca conforme necessário, incluindo a configuração de rotas de login e registro, e personalizando o comportamento de autenticação.

- **Exemplo de Configuração:**

```php
$routes->get('login', 'AuthController::login');
$routes->get('register', 'AuthController::register');
$routes->post('login', 'AuthController::attemptLogin');
$routes->post('register', 'AuthController::attemptRegister');
```

6.3 Autorização de Usuários e Grupos

A autorização é o processo de controle de acesso a diferentes partes da aplicação com base nas permissões do usuário.

1. **Definindo Grupos de Usuários:**
- Você pode definir diferentes grupos de usuários, como `admin`, `editor`, `usuario_comum`, e conceder diferentes permissões a cada grupo.
- **Exemplo de Código PHP:**

```
1   // Definição de grupos
2   $grupoAdmin = [
3       'nome' => 'admin',
4       'descricao' => 'Administradores têm acesso total ao sistema'
5   ];
6   $grupoEditor = [
7       'nome' => 'editor',
8       'descricao' => 'Editores podem criar e editar conteúdo, mas não têm acesso a configurações do sistema'
9   ];
10
```

2. **Controle de Acesso:**
   - Verifique as permissões do usuário antes de permitir o acesso a certas rotas ou funcionalidades.
   - **Exemplo de Código PHP:**

```
public function dashboard() {
    if (!session()->get('usuario_id') || session()->get('grupo') != 'admin') {
        return redirect()->to('/login')->with('error', 'Acesso negado');
    }

    // Código para carregar o painel de controle
}
```

3. **Usando Middleware para Autorização:**
   - CodeIgniter permite o uso de *Middleware* para verificar permissões antes de acessar certas rotas.

```
1    namespace App\Filters;
2
3    use CodeIgniter\HTTP\RequestInterface;
4    use CodeIgniter\HTTP\ResponseInterface;
5    use CodeIgniter\Filters\FilterInterface;
6
7    class AuthFilter implements FilterInterface {
8        public function before(RequestInterface $request, $arguments = null) {
9            if (!session()->get('usuario_id')) {
10               return redirect()->to('/login');
11           }
12       }
13
14       public function after(RequestInterface $request, ResponseInterface $response, $arguments = null) {
15           // Nada a fazer aqui
16       }
17   }
18
```

Resumo:

- **Sistema de Login e Registro de Usuários:** Criamos formulários para registro e login, e mostramos como autenticar usuários.
- **Autenticação com Biblioteca Nativa do CodeIgniter:** Aprendemos a usar a biblioteca nativa `Auth` para simplificar a autenticação.
- **Autorização de Usuários e Grupos:** Implementamos controle de acesso com base em grupos de usuários e verificações de permissões.

7. **BOAS PRÁTICAS E SEGURANÇA**

Vamos explorar o item 7 sobre **Boas Práticas e Segurança** no desenvolvimento com CodeIgniter 4.0. Este capítulo é fundamental para garantir que sua aplicação seja segura contra ataques comuns e siga as melhores práticas de desenvolvimento.

Capítulo 7: Boas Práticas e Segurança

A segurança é uma preocupação crítica no desenvolvimento de qualquer aplicação web. Neste capítulo, você aprenderá sobre as boas práticas para proteger sua aplicação contra ameaças comuns, como SQL Injection, CSRF (Cross-Site Request Forgery), e garantirá a segurança de senhas e uploads de arquivos.

7.1 Proteção contra SQL Injection

SQL Injection é um tipo de ataque em que o invasor manipula as consultas SQL de uma aplicação para executar comandos maliciosos. Para proteger sua aplicação contra SQL Injection, é essencial seguir algumas boas práticas.

1. **Uso de Queries Preparadas:**
   - Ao invés de concatenar strings diretamente na consulta SQL, utilize *queries* preparadas, que separam os dados da lógica SQL.

- **Exemplo de Código Seguro:**
```php
$db = \Config\Database::connect();
$sql = "SELECT * FROM usuarios WHERE email = ?";
$query = $db->query($sql, [$email]);
$usuario = $query->getRow();
```

2. **Escapando Dados:**
   - Use a função `escape()` para escapar os valores antes de incluí-los nas consultas.
   - **Exemplo de Código PHP:**
```php
$email = $db->escape($email);
$query = $db->query("SELECT * FROM usuarios WHERE email = $email");
```

7.2 Proteção contra CSRF (Cross-Site Request Forgery)

O **CSRF** é um tipo de ataque onde comandos não autorizados são transmitidos a partir de um usuário em que o sistema confia. CodeIgniter 4.0 tem uma proteção integrada contra CSRF que pode ser facilmente ativada.

1. **Ativando CSRF no CodeIgniter:**
   - Por padrão, o CodeIgniter já inclui proteção contra CSRF em formulários.
   - **Configuração no arquivo `.env`:**
```plaintext
csrf_protection = true
```

   - Ao criar formulários, a tag `csrf_field()` é automaticamente gerada pelo CodeIgniter para incluir um token de segurança.
```html
<form action="/submit" method="post">
```

```
<?= csrf_field() ?>
<input type="text" name="nome">
<button type="submit">Enviar</button>
</form>
` ` `
```

2. **Verificação de Tokens CSRF:**
   - CodeIgniter automaticamente verifica se o token CSRF enviado com a requisição é válido.

7.3 Hashing de Senhas

Armazenar senhas de maneira segura é crucial para a segurança dos usuários.

1. **Uso do `password_hash()` e `password_verify()`:**
   - Nunca armazene senhas em texto plano. Utilize a função `password_hash()` para criar um hash seguro da senha, e `password_verify()` para validar as senhas durante o login.
   - **Exemplo de Código PHP:**
   ```php
   $senha = $this->request->getPost('senha');
                   $hashSenha    =    password_hash($senha,
   PASSWORD_DEFAULT);

   // Salvando no banco de dados
   $usuarioModel->save(['senha_hash' => $hashSenha]);

   // Verificando durante o login
   if (password_verify($senha, $usuario['senha_hash'])) {
     // Login bem-sucedido
   }
   ` ` `
   ```

2. **Não Reutilizar Salts:**
   - `password_hash()` já adiciona automaticamente um *salt*

exclusivo para cada senha, o que aumenta a segurança.

7.4 Manipulação Segura de Upload de Arquivos

O upload de arquivos é uma funcionalidade comum em muitas aplicações, mas precisa ser tratado com cuidado para evitar riscos de segurança.

1. **Validação de Arquivos:**
   - Sempre valide o tipo de arquivo e o tamanho antes de aceitá-lo no servidor.
   - **Exemplo de Validação:**
   ```php
   if ($this->validate([
     'arquivo' => [
       'uploaded[arquivo]',
       'mime_in[arquivo,image/jpg,image/jpeg,image/png]',
       'max_size[arquivo,2048]',
     ],
   ])) {
     $arquivo = $this->request->getFile('arquivo');
     $arquivo->move(WRITEPATH . 'uploads');
   } else {
     echo 'Arquivo inválido.';
   }
   ```

2. **Evite Sobrescrita de Arquivos:**
   - Ao mover o arquivo, renomeie-o para evitar sobrescritas e possíveis ataques.
   - **Exemplo de Renomeação Segura:**
   ```php
   $novoNome = $arquivo->getRandomName();
   $arquivo->move(WRITEPATH . 'uploads', $novoNome);
   ```

3. **Restrição de Acesso a Arquivos:**
- Coloque os arquivos de upload em um diretório fora do diretório `public` para evitar acessos diretos.
- **Estrutura do Diretório:**
- `WRITEPATH . 'uploads'` é uma boa prática, pois fica fora da pasta pública e protegido por padrão.

Resumo:

- **Proteção contra SQL Injection:** Use *queries* preparadas e escape adequadamente os dados.
- **Proteção contra CSRF:** Ative a proteção CSRF e use tokens em formulários.
- **Hashing de Senhas:** Utilize `password_hash()` e `password_verify()` para armazenar senhas de forma segura.
- **Manipulação Segura de Upload de Arquivos:** Valide e armazene arquivos de forma segura, fora do diretório público.

8. **DESENVOLVIMENTO DE UMA APLICAÇÃO COMPLETA**

Vamos explorar o item 8 sobre **Desenvolvimento de uma Aplicação Completa** usando CodeIgniter 4.0. Este capítulo será dedicado a guiar o leitor na criação de uma aplicação real, desde o planejamento até a integração com APIs externas.

Capítulo 8: Desenvolvimento de uma Aplicação Completa

Neste capítulo, vamos combinar tudo o que aprendemos nos capítulos anteriores para desenvolver uma aplicação completa. Vamos abordar o planejamento da aplicação, a criação de um blog ou sistema de gerenciamento de conteúdo, e como integrar APIs externas para estender as funcionalidades da aplicação.

8.1 Planejamento da Aplicação

Antes de começar a codificar, é essencial planejar a aplicação. O planejamento ajuda a definir o escopo do projeto, os recursos necessários, e as funcionalidades que serão implementadas.

1. **Definindo o Objetivo da Aplicação:**
   - O primeiro passo é definir claramente o que sua aplicação deve

fazer. Por exemplo, vamos criar um blog simples onde os usuários podem:
- Criar e gerenciar posts.
- Comentar nos posts.
- Autenticar-se para acessar funcionalidades exclusivas.
- **Perguntas para Guiar o Planejamento:**
- Qual é o público-alvo da aplicação?
- Quais são as funcionalidades essenciais?
- Quais dados precisarão ser armazenados?

2. **Estrutura de Dados e Funcionalidades:**
 - **Modelo de Dados:**
   - Determine as tabelas necessárias no banco de dados, como `usuarios`, `posts`, `comentarios`.
   - **Exemplo de Estrutura de Tabela:**
   ```sql
   CREATE TABLE posts (
     id INT AUTO_INCREMENT PRIMARY KEY,
     titulo VARCHAR(255),
     conteudo TEXT,
     autor_id INT,
     data_criacao TIMESTAMP DEFAULT CURRENT_TIMESTAMP,
     FOREIGN KEY (autor_id) REFERENCES usuarios(id)
   );
   ```

3. **Fluxo de Usuário:**
 - Planeje como o usuário interagirá com a aplicação. Por exemplo:
   - Um visitante pode ver todos os posts.
   - Um usuário autenticado pode criar, editar, e deletar seus próprios posts.

8.2 Criação de um Blog ou Sistema de Gerenciamento de Conteúdo

Agora que o planejamento está concluído, vamos desenvolver um blog simples que permitirá aos usuários criar e gerenciar posts.

1. **Implementação do Modelo:**
  - Comece criando os modelos no CodeIgniter para representar as entidades `Post` e `Usuario`.
  - **Exemplo de Modelo para Post:**
  ```php
  namespace App\Models;

  use CodeIgniter\Model;

  class PostModel extends Model {
    protected $table = 'posts';
    protected $allowedFields = ['titulo', 'conteudo', 'autor_id'];

    public function getPosts() {
      return $this->findAll();
    }

    public function getPostById($id) {
      return $this->find($id);
    }
  }
  ```


2. **Implementação do Controlador:**
  - Crie controladores para gerenciar as operações de criação, edição, e exclusão de posts.
  - **Exemplo de Controlador:**
  ```php
  namespace App\Controllers;

  use App\Models\PostModel;

  class BlogController extends BaseController {
    public function index() {
  ```

```php
    $postModel = new PostModel();
    $data['posts'] = $postModel->getPosts();
    return view('blog/index', $data);
  }

  public function create() {
    return view('blog/create');
  }

  public function store() {
    $postModel = new PostModel();
    $postModel->save([
      'titulo' => $this->request->getPost('titulo'),
      'conteudo' => $this->request->getPost('conteudo'),
      'autor_id' => session()->get('usuario_id')
    ]);
    return redirect()->to('/blog');
  }
}
```

3. **Implementação das Views:**
   - Crie as views para exibir e manipular os posts.
   - **Exemplo de View para Listagem de Posts:**

```html
<h1>Posts</h1>
<?php foreach ($posts as $post): ?>
   <h2><?= esc($post['titulo']) ?></h2>
   <p><?= esc($post['conteudo']) ?></p>
   <a href="/blog/<?= $post['id'] ?>">Ler mais</a>
<?php endforeach; ?>
```

8.3 Integração com APIs Externas

Integrar APIs externas pode enriquecer sua aplicação, fornecendo funcionalidades adicionais como autenticação com redes sociais, exibição de dados de terceiros, ou integração com serviços de pagamento.

1. **Exemplo de Integração com API de Redes Sociais:**
   - Suponha que você deseja permitir que os usuários façam login usando suas contas do Google.
   - **Passos para Integração:**
     - Registre sua aplicação no Google Developer Console para obter um `client_id` e `client_secret`.
     - Utilize uma biblioteca como `PHP OAuth2` para gerenciar o fluxo de autenticação.
   - **Exemplo de Código para Integração:**
   ```php
   // Configurações de OAuth
   $client = new OAuth2\Client($client_id, $client_secret);
   $client->setRedirectUri('http://seusite.com/callback');

   // Redireciona o usuário para a página de login do Google
   $authUrl = $client->getAuthenticationUrl('https://accounts.google.com/o/oauth2/auth', 'http://seusite.com/callback');
   header('Location: ' . $authUrl);
   exit;
   ```

2. **Exemplo de Integração com API de Pagamento:**
   - Se o seu blog tiver uma funcionalidade de venda de produtos ou assinaturas, você pode integrar uma API de pagamento, como a do PayPal ou Stripe.
   - **Passos para Integração:**
     - Registre sua aplicação no painel do PayPal ou Stripe.
     - Utilize as bibliotecas fornecidas para processar pagamentos.
   - **Exemplo de Código para Integração com Stripe:**
   ```php
   \Stripe\Stripe::setApiKey('seu_chave_secreta');
   ```

```
$paymentIntent = \Stripe\PaymentIntent::create([
  'amount' => 1099,
  'currency' => 'usd',
  'payment_method_types' => ['card'],
]);

echo $paymentIntent->client_secret;
```
` ` `

Resumo:

- **Planejamento da Aplicação:** Defina o objetivo, estrutura de dados e fluxo de usuário.
- **Criação de um Blog:** Implemente modelos, controladores e views para gerenciar posts.
- **Integração com APIs Externas:** Adicione funcionalidades avançadas à aplicação integrando APIs de terceiros.

9. **TESTES E DEPLOY**

Vamos explorar o item 9 sobre **Testes e Deploy** no desenvolvimento com CodeIgniter 4.0. Este capítulo é crucial para garantir que sua aplicação funcione corretamente antes de ser lançada ao público e para aprender como fazer o deploy da aplicação em um ambiente de produção.

Capítulo 9: Testes e Deploy

Neste capítulo, você aprenderá a testar sua aplicação para garantir sua robustez e a prepará-la para o ambiente de produção. Também abordaremos como fazer o deploy em servidores compartilhados e na nuvem.

9.1 Introdução a Testes Unitários

Os testes unitários são uma prática essencial para garantir que cada parte de sua aplicação funcione corretamente. Eles envolvem a criação de pequenos testes automatizados que verificam o comportamento de unidades específicas de código, como funções ou métodos.

1. **O que são Testes Unitários?**
   - Testes unitários são testes automatizados que verificam se uma pequena parte do seu código (uma "unidade", como uma função) está funcionando como esperado.

- Eles são fundamentais para detectar erros logo no início do processo de desenvolvimento, economizando tempo e esforço no futuro.

2. **Vantagens dos Testes Unitários:**
  - **Detecção Precoce de Erros:** Identifica problemas antes que eles afetem outras partes do sistema.
  - **Manutenção Facilitada:** Com testes unitários, você pode refatorar seu código com confiança, sabendo que qualquer erro será rapidamente identificado.
  - **Documentação Viva:** Testes unitários servem como uma documentação viva do comportamento esperado do seu código.

9.2 Testes com o CodeIgniter 4

CodeIgniter 4 vem com suporte integrado para testes, utilizando PHPUnit, que é uma das bibliotecas de teste mais populares para PHP.

1. **Configurando PHPUnit:**
  - Para começar a usar PHPUnit com CodeIgniter 4, você precisa instalá-lo usando o Composer.
  - **Instalação:**
    ` ` `

    composer require --dev phpunit/phpunit
    ` ` `

2. **Criando um Teste Unitário:**
  - Vamos criar um teste simples para verificar se a função de somar números em uma calculadora funciona corretamente.
  - **Exemplo de Teste Unitário:**
    ` ` `php
    namespace Tests\Support;

    use CodeIgniter\Test\CIUnitTestCase;

```
class CalculadoraTest extends CIUnitTestCase
{
  public function testSoma()
  {
    $resultado = 2 + 3;
    $this->assertEquals(5, $resultado);
  }
}
```

- **Rodando os Testes:**
  - Para rodar os testes, use o seguinte comando no terminal:
  ```bash
  vendor/bin/phpunit
  ```

3. **Testando Controladores e Modelos:**
  - Você também pode criar testes para verificar o comportamento dos controladores e modelos do CodeIgniter.
  - **Exemplo de Teste de Controlador:**
  ```php
  public function testHomePage()
  {
    $result = $this->call('get', '/');
    $result->assertStatus(200);
  }
  ```

9.3 Preparando a Aplicação para Produção

Antes de fazer o deploy de sua aplicação, você deve prepará-la para o ambiente de produção. Isso envolve configurar corretamente o ambiente, otimizar o desempenho e garantir a segurança.

1. **Configurando o `.env` para Produção:**
  - No ambiente de produção, você deve configurar o arquivo `.env` para desativar o modo de depuração e otimizar o

desempenho.
  - **Configurações Comuns:**
   ``` plaintext
   CI_ENVIRONMENT = production
   app.debug = false
   ```

2. **Otimização de Autoload e Cache:**
  - Utilize os comandos do Composer para otimizar o autoloading e gerar o cache das rotas.
  - **Comandos de Otimização:**
   ```

   composer install --optimize-autoloader --no-dev
   php spark routes:cache
   php spark config:cache
   ```

3. **Removendo Arquivos Desnecessários:**
    - Remova arquivos e diretórios desnecessários que não são necessários para o ambiente de produção, como o diretório `.git`, testes, e documentação.

9.4 Deploy em Servidores Compartilhados e Cloud

Uma vez que sua aplicação esteja pronta para produção, o próximo passo é fazer o deploy em um servidor. Você pode optar por um servidor compartilhado ou por um serviço de nuvem.

1. **Deploy em Servidores Compartilhados:**
  - Em servidores compartilhados, você geralmente não tem acesso ao SSH, então o deploy é feito via FTP.
  - **Passos Básicos:**
    - Configure seu FTP para acessar o servidor.
    - Faça upload de todos os arquivos necessários, exceto o diretório `writable`, que deve ser configurado corretamente no servidor.
    - Configure o arquivo `.env` e o banco de dados no painel de

controle do servidor.

2. **Deploy em Cloud (AWS, DigitalOcean, etc.):**
   - Para servidores cloud, você geralmente tem mais controle e pode usar SSH para configurar o ambiente.
   - **Passos Básicos:**
   - Configure uma instância de servidor (por exemplo, um droplet no DigitalOcean).
   - Instale um servidor web como Apache ou Nginx.
   - Configure o ambiente PHP e o banco de dados.
   - Faça o upload da aplicação via SSH ou Git.
   - Configure os hosts virtuais e o ambiente de produção.

3. **Considerações de Segurança:**
   - Garanta que as permissões de arquivo estejam configuradas corretamente, evitando que arquivos sensíveis sejam acessíveis publicamente.
   - Utilize HTTPS para proteger a comunicação entre os usuários e o servidor.

Resumo:

- **Testes Unitários:** Implementar testes para garantir que o código funciona corretamente e identificar erros logo cedo.
- **Preparação para Produção:** Configure corretamente o ambiente de produção, otimize o desempenho e garanta a segurança.
- **Deploy:** Saiba como fazer o deploy em servidores compartilhados e na nuvem, garantindo que a aplicação esteja segura e funcionando como esperado.

10. **RECURSOS AVANÇADOS**

Vamos explorar o item 10 sobre **Recursos Avançados** no desenvolvimento com CodeIgniter 4.0. Este capítulo abordará funcionalidades mais sofisticadas que você pode implementar em sua aplicação para melhorar o desempenho, torná-la acessível a um público global e otimizar a experiência do usuário.

Capítulo 10: Recursos Avançados

Neste capítulo, exploraremos recursos avançados do CodeIgniter 4 que podem elevar a qualidade da sua aplicação. Vamos aprender a trabalhar com cache, implementar internacionalização e localização, e aplicar técnicas de performance e otimizações.

10.1 Trabalhando com Cache

O cache é uma técnica essencial para melhorar o desempenho de sua aplicação, armazenando dados frequentemente acessados de maneira temporária para reduzir o tempo de carregamento e diminuir a carga no servidor.

1. **O que é Cache e por que usá-lo?**
    - Cache é uma camada de armazenamento temporário onde dados frequentemente acessados são mantidos para serem recuperados rapidamente, sem precisar ser recalculados ou recarregados do banco de dados.

- **Vantagens do Cache:**
- Redução do tempo de resposta da aplicação.
- Diminuição do uso de recursos do servidor.
- Melhora da experiência do usuário, especialmente em páginas com muitos dados ou que demoram para processar.

2. **Configuração de Cache no CodeIgniter 4:**
- CodeIgniter 4 oferece suporte para diferentes tipos de cache, como cache de arquivos, cache de banco de dados, e cache de memória (Redis, Memcached).
- **Configuração Básica:**
  - No arquivo `app/Config/Cache.php`, você pode configurar o driver de cache desejado.

```php
public $default = [
  'handler' => 'file',
  'path' => WRITEPATH . 'cache',
  'ttl' => 60, // Tempo de vida do cache em segundos
];
```

3. **Utilizando Cache em Controladores e Modelos:**
- Você pode implementar cache diretamente nos controladores ou modelos para armazenar resultados de consultas ou páginas inteiras.
- **Exemplo de Cache de Consulta:**

```php
$cache = \Config\Services::cache();
$posts = $cache->get('all_posts');

if ($posts === null) {
  // Cache está vazio, faça a consulta e armazene o resultado
  $posts = $this->postModel->findAll();
  $cache->save('all_posts', $posts, 300); // Cache por 5 minutos
}
```

10.2 Internacionalização e Localização (i18n)

Internacionalização (i18n) e localização são técnicas que permitem que sua aplicação seja adaptada para diferentes idiomas e regiões, tornando-a acessível a um público global.

1. **Internacionalização e Localização no CodeIgniter:**
   - Internacionalização refere-se ao processo de preparar a aplicação para suportar múltiplos idiomas e formatos regionais.
   - Localização é o processo de adaptar a aplicação a um idioma específico e suas variantes culturais.

2. **Configuração de Idiomas:**
   - No CodeIgniter 4, você pode definir diferentes idiomas para sua aplicação usando arquivos de tradução localizados em `app/Language/`.
   - **Exemplo de Arquivo de Tradução:**
     - Crie arquivos de tradução, como `app/Language/pt-BR/Messages.php`, para português do Brasil.
   ```php
   return [
     'welcomeMessage' => 'Bem-vindo ao nosso site!',
     'loginSuccess' => 'Login efetuado com sucesso!',
   ];
   ```

3. **Alternando Idiomas na Aplicação:**
   - Para alternar o idioma da aplicação, você pode configurar um middleware ou um parâmetro na URL.
   - **Exemplo de Alternância de Idioma:**
   ```php
   $lang = $this->request->getLocale(); // Pega o idioma atual da aplicação
   $this->request->setLocale('en'); // Define o idioma para inglês
   echo lang('Messages.welcomeMessage'); // Exibe a mensagem
   ```

traduzida
` ` `

4. **Localização de Datas e Números:**
   - Você também pode adaptar o formato de datas, números, e moedas ao padrão local.
   - **Exemplo de Formatação Localizada:**
   ` ` `php
           $formatter = new \NumberFormatter('pt_BR', \NumberFormatter::CURRENCY);
   echo $formatter->formatCurrency(1234.56, 'BRL'); // Exibe R$ 1.234,56
   ` ` `

10.3 Performance e Otimizações

Melhorar a performance da sua aplicação é crucial, especialmente à medida que ela cresce e lida com mais tráfego e dados. Neste tópico, abordaremos várias técnicas para otimizar o desempenho.

1. **Otimização de Consultas SQL:**
   - Utilize índices no banco de dados para acelerar consultas complexas e minimize o número de consultas realizadas.
   - **Exemplo de Indexação:**
   ` ` `sql
   CREATE INDEX idx_autor ON posts(autor_id);
   ` ` `

2. **Minimização de Recursos Estáticos:**
   - Comprimir e minimizar arquivos CSS, JavaScript e imagens pode reduzir significativamente o tempo de carregamento da página.
   - **Uso de Ferramentas de Compressão:**
     - Use ferramentas como `Gulp` ou `Webpack` para minificar seus recursos estáticos.

3. **Habilitação de Gzip no Servidor:**

- Ativar a compressão Gzip no servidor web (Apache, Nginx) pode reduzir o tamanho dos arquivos transferidos para o cliente, acelerando o carregamento da página.
- **Exemplo de Configuração em Apache:**

```apache
AddOutputFilterByType DEFLATE text/html text/plain text/xml text/css application/javascript
```

4. **Lazy Loading de Imagens:**
- Carregar imagens apenas quando elas estão prestes a entrar na viewport do usuário pode melhorar o tempo de carregamento inicial da página.
- **Exemplo de Lazy Loading:**

```html
<img src="image.jpg" loading="lazy" alt="Imagem Otimizada">
```

Resumo:

- **Cache:** Implementar cache para melhorar o desempenho e reduzir a carga do servidor.
- **Internacionalização e Localização:** Adaptar sua aplicação para diferentes idiomas e regiões, tornando-a acessível a um público global.
- **Performance e Otimizações:** Aplicar técnicas de otimização para melhorar a velocidade e eficiência da aplicação, garantindo uma experiência de usuário suave.

11. **APÊNDICES**

Os apêndices deste livro oferecem recursos complementares para ajudar no entendimento e na prática do desenvolvimento com CodeIgniter 4.0. Aqui você encontrará um glossário de termos importantes, referências para leituras adicionais, e uma lista de ferramentas úteis para o desenvolvimento.

11.1 Glossário de Termos

Este glossário fornece definições claras e simples de termos técnicos utilizados ao longo do livro. É uma referência rápida para revisar conceitos e se familiarizar com a terminologia do desenvolvimento web.

- **Framework:** Um conjunto de ferramentas e bibliotecas que fornece uma estrutura padrão para o desenvolvimento de aplicações.
- **MVC (Model-View-Controller):** Um padrão de arquitetura de software que separa a lógica de negócio (Model), a apresentação (View) e o controle de fluxo (Controller).
- **Roteamento:** O processo de mapear URLs para controladores e métodos específicos em uma aplicação web.
- **CRUD:** Acrônimo para Create, Read, Update, Delete, que são as quatro operações básicas de gerenciamento de dados em uma aplicação.
- **Cache:** Um mecanismo de armazenamento temporário que acelera o acesso a dados frequentemente solicitados.
- **i18n (Internacionalização):** O processo de preparar uma aplicação para suportar múltiplos idiomas e formatos regionais.

- **ORM (Object-Relational Mapping):** Uma técnica de programação para converter dados entre sistemas incompatíveis, como banco de dados relacionais e objetos de programação.

11.2 Referências e Leituras Recomendadas

Esta seção sugere livros, artigos, tutoriais e outros recursos para aprofundar o conhecimento sobre desenvolvimento web e o uso do CodeIgniter 4.

1. **Documentação Oficial do CodeIgniter 4:**
   - A [documentação oficial](https://codeigniter.com/user_guide/index.html) é o melhor lugar para encontrar informações detalhadas sobre o framework, suas funcionalidades e exemplos de uso.

2. **Livros Recomendados:**
   - *"CodeIgniter 4 for Beginners"* por Thomas Myer – Um guia prático para iniciantes no CodeIgniter 4.
   - *"PHP & MySQL: Novice to Ninja"* por Kevin Yank – Um excelente recurso para aprender PHP e MySQL do zero, com exemplos aplicáveis ao CodeIgniter.

3. **Tutoriais Online:**
   - *CodeIgniter 4 Tutorials* no [YouTube](https://www.youtube.com) – Diversos criadores oferecem tutoriais em vídeo para aprender a construir aplicações com CodeIgniter 4.
   - *Learn CodeIgniter 4* no [Udemy](https://www.udemy.com) – Cursos pagos que cobrem do básico ao avançado no desenvolvimento com CodeIgniter.

4. **Comunidades e Fóruns:**
   - *CodeIgniter Forums* – A comunidade oficial do CodeIgniter onde você pode fazer perguntas e compartilhar conhecimento com outros desenvolvedores.
   - *Stack Overflow* – Um fórum global de desenvolvedores

onde você pode buscar soluções para problemas específicos no desenvolvimento com CodeIgniter.

11.3 Ferramentas Úteis para Desenvolvimento com CodeIgniter

Aqui estão algumas ferramentas e utilitários que podem facilitar o desenvolvimento de aplicações com CodeIgniter.

1. **XAMPP/WAMP/LAMP:**
   - Esses pacotes incluem Apache, MySQL, e PHP, fornecendo um ambiente de desenvolvimento local completo para construir e testar suas aplicações antes de colocá-las em produção.

2. **Composer:**
   - O gerenciador de dependências para PHP que você usará para instalar e gerenciar pacotes e bibliotecas no CodeIgniter.

3. **PHPStorm:**
   - Um ambiente de desenvolvimento integrado (IDE) poderoso, com suporte para PHP, que inclui ferramentas de depuração, testes e refatoração.

4. **Postman:**
   - Uma ferramenta para testar APIs RESTful. Útil quando você estiver desenvolvendo ou consumindo APIs em sua aplicação CodeIgniter.

5. **Git:**
   - Um sistema de controle de versão essencial para gerenciar o histórico de alterações do código e colaborar com outros desenvolvedores.

6. **Docker:**
   - Ferramenta para criar ambientes de desenvolvimento consistentes e isolados utilizando contêineres, facilitando a

configuração e o deploy de aplicações.